Impressum
Verlag: BABADADA GmbH, Nedderfeld 112 , 22529 Hamburg
Geschäftsführer / Verlagsleitung: Harald Hof
Druck: Books on Demand GmbH, In de Tarpen 42, 22848 Norderstedt

Imprint
Publisher: BABADADA GmbH, Nedderfeld 112 , 22529 Hamburg, Germany
Managing Director / Publishing direction: Harald Hof
Print: Books on Demand GmbH, In de Tarpen 42, 22848 Norderstedt

school
სკოლა

klaslokaal
საკლასო ოთახი
delen
გაყოფა
186/2
bord
დაფა
leerkracht
მასწავლებელი
speelplaats
სკოლის ეზო
papier
ქაღალდი
schrijven
წერა
pen
კალამი
bureau
მაგიდა
liniaal
სახაზავი
boek
წიგნი
leerling
მოსწავლე

schooltas

ზურგჩანთა

pennenzak

პენალი

potlood

ფანქარი

puntenslijper

ფანქრების სათლელი

gom

საშლელი

tekenblok

ნახატების ალბომი

tekening

ნახატი

verfborstel

ფუნჯი

verfdoos

საღებავის ყუთი

schaar

მაკრატელი

lijm

წებო

werkboek

სავარჯიშო რვეული

huiswerk

საშინაო დავალება

12

nummer

ნომერი

2+2

optellen

დამატება

5-2

aftrekken

გამოკლება

2×2

vermenigvuldigen

გამრავლება

rekenen

გამოთვლა

A

letter

წერილი

ABCDEFG
HIJKLMN
OPQRSTU
VWXYZ

alfabet

ანბანი

woord

სიტყვა

tekst

ტექსტი

Lezen

წაკითხვა

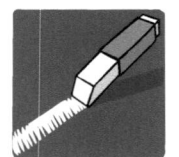

krijt

ცარცი

les

გაკვეთილი

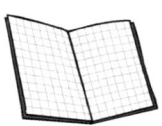

klassenboek

რეგისტრაცია

examen

გამოცდა

certificaat

სერტიფიკატი

schooluniform

სკოლის ფორმა

onderwijs

განათლება

encyclopedie

ენციკლოპედია

universiteit

უნივერსიტეტი

microscoop

მიკროსკოპი

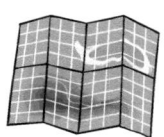

kaart

რუქა

papiermand

კალათა ნარჩენი
ქაღალდებისათვის

hotel
სასტუმრო
jeugdherberg
ჰოსტელი
wisselkantoor
ვალუტის გადაცვლის პუნქტი
koffer
ჩემოდანი
auto
მანქანა

Taal

ენა

ja / nee

კი / არა

oké

კარგი

hallo

გამარჯობა

vertaler

მთარგმნელი

bedankt

გმადლობთ

Hoeveel kost ...?

რა ღირს... ?

Ik begrijp het niet

ვერ გავიგე

probleem

პრობლემა

Goedenavond!

აღამო მშვიდობისა!

Goedemorgen!

დილა მშვიდობისა!

Goedenavond!

ღამე მშვიდობისა!

Tot ziens

ნახვამდის

richting

მიმართულება

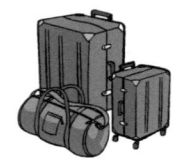

bagage

ბარგი

zak

ჩანთა

rugzak

ზურგჩანთა

gast

სტუმარი

kamer

ოთახი

slaapzak

საძილე ტომარა

tent

კარავი

toeristeninformatie

ტურისტული ინფორმაცია

strand

სანაპირო

kredietkaart

საკრედიტო ბარათი

ontbijt

საუზმე

lunch

ლანჩი

avondeten

ვახშამი

ticket

ბილეთი

lift

ლიფტი

postzegel

საფოსტო მარკა

grens

საზღვარი

douane

საბაჟო

ambassade

საელჩო

visum

ვიზა

paspoort

პასპორტი

transport
ტრანსპორტი

vliegtuig
თვითმფრინავი
schip
გემი
brandweerwagen
სახანძრო მანქანა
bus
ავტობუსი
vrachtwagen
სატვირთო მანქანა
motorboot
მოტორიზებული ნავი
fiets
ველოსიპედი
auto
მანქანა

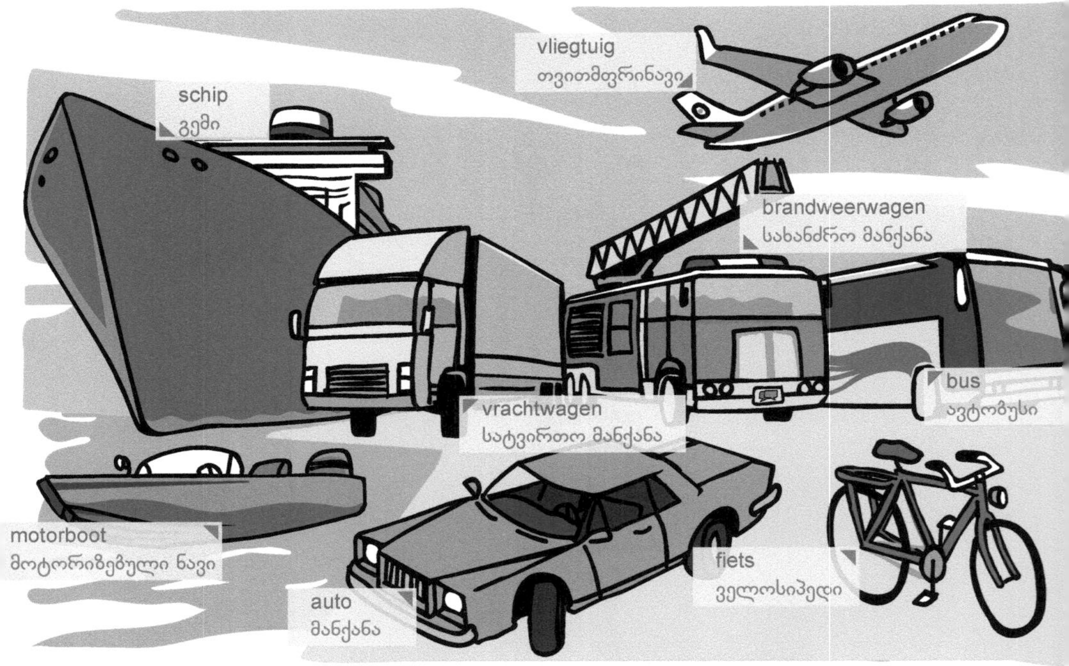

veerboot

ბორანი

boot

ნავი

motor

მოტოციკლი

politiewagen

პოლიციის მანქანა

racewagen

სარბოლო მანქანა

huurauto

დაქირავებული მანქანა

carpoolen

მანქანის ერთობლივი მოხმარება

sleepwagen

საბუქსირე მანქანა

vuilniswagen

ნაგვის მანქანა

motor

ძრავა

benzine

საწვავი

benzinestation

ბენზინგასამართი სადგური

verkeersbord

საგზაო ნიშანი

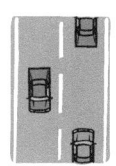

verkeer

მოძრაობა

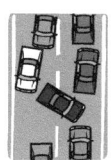

file

საცობი

parkeerplaats

მანქანის სადგომი

station

მატარებლის სადგური

sporen

ლიანდაგები

trein

მატარებელი

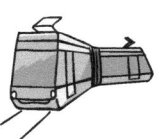

tram

ტრამვაი

wagon

ვაგონი

helikopter

ვერტმფრენი

luchthaven

აეროპორტი

toren

კოშკი

passagier

მგზავრი

container

კონტეინერი

karton

მუყაოს ყუთი

kar

ურიკა

mand

კალათა

opstijgen / landen

აფრენა / დაშვება

stad

ქალაქი

dorp

სოფელი

stadscentrum

ქალაქის ცენტრი

huis

სახლი

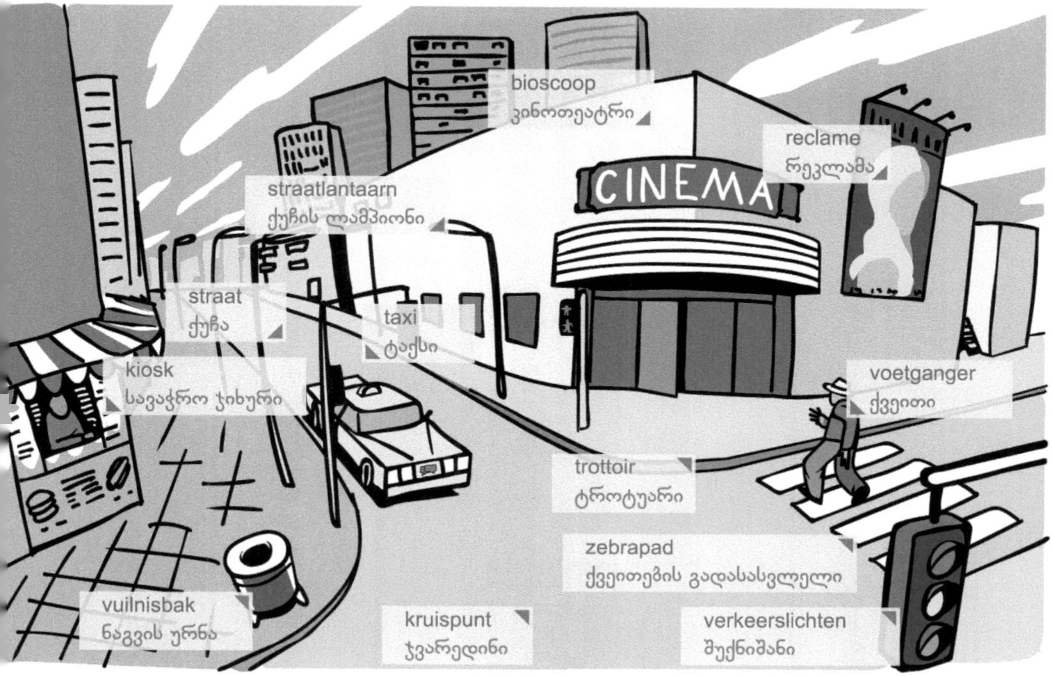

bioscoop
კინოთეატრი
reclame
რეკლამა
CINEMA
straatlantaarn
ქუჩის ლამპიონი
straat
ქუჩა
taxi
ტაქსი
kiosk
სავაჭრო ჯიხური
voetganger
ქვეითი
trottoir
ტროტუარი
zebrapad
ქვეითების გადასასვლელი
vuilnisbak
ნაგვის ურნა
kruispunt
ჯვარედინი
verkeerslichten
შუქნიშანი

hut

ქოხი

woning

ბინა

station

მატარებლის სადგური

stadshuis

მუნიციპალიტეტი

museum

მუზეუმი

school

სკოლა

universiteit

უნივერსიტეტი

bank

ბანკი

ziekenhuis

საავადმყოფო

hotel

სასტუმრო

apotheek

აფთიაქი

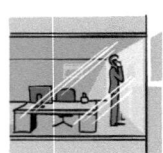

kantoor

ოფისი

boekwinkel

წიგნების მაღაზია

winkel

მაღაზია

bloemenwinkel

ფლორისტი

supermarkt

სუპერმარკეტი

markt

ბაზარი

warenhuis

მაღაზიის განყოფილება

vishandelaar

თევზის გამყიდველი

winkelcentrum

სავაჭრო ცენტრი

haven

ნავსადგომი

park

პარკი

bank

გრძელი სკამი

brug

ხიდი

trap

კიბეები

metro

მიწისქვეშა გადასასვლელი

tunnel

გვირაბი

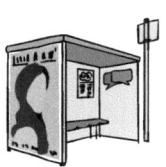

bushalte

ავტობუსის გაჩერება

bar

ბარი

restaurant

რესტორანი

brievenbus

საფოსტო ყუთი

straatnaambord

ქუჩის ნიშანი

parkeermeter

პარკინგის საზომი

zoo

ზოოპარკი

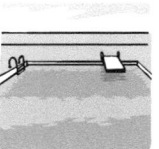

zwembad

საცურაო აუზი

moskee

მეჩეთი

stad - ქალაქი

boerderij

ფერმა

milieuverontreiniging

გარემოს დაბინძურება

kerkhof

სასაფლაო

kerk

ეკლესია

speelplaats

საბავშვო მოედანი

tempel

ტაძარი

landschap
ლანდშაფტი

blad
ფოთოლ
ი
wegwijzer
გზის მანიშნებელი ნიშანი
weg
გზა
weide
მდელო
steen
ქვა
boom
ხე
wandelaar
მოგზაური
rivier
მდინარე
gras
ბალახი
bloem
ყვავილი

vallei

ხეობა

heuvel

გორაკი

meer

ტბა

bos

ტყე

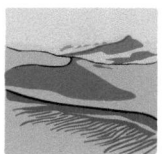

woestijn

უდაბნო

vulkaan

ვულკანი

kasteel

ციხე

regenboog

ცისარტყელა

paddenstoel

სოკო

palmboom

პალმა

mug

კოღო

vlieg

ბუზი

mier

ჭიანჭველა

bijl

ფუტკარი

spin

ობობა

kever

ხოჭო

kikker

ბაყაყი

eekhoorn

ციყვი

egel

ზღარბი

haas

კურდღელი

uil

ბუ

vogel

ფრინველი

zwaan

გედი

wild zwijn

ტახი

hert

ირემი

eland

ცხენ-ირემი

dam

კაშხალი

windturbine

ქარის ტურბინა

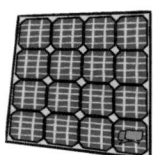

zonnepaneel

მზის ბატარეა

klimaat

კლიმატი

restaurant

რესტორანი

ober
მიმტანი
menu
მენიუ
stoel
სკამი
soep
სუპი
pizza
პიცა
bestek
დანა-ჩანგალი
tafelkleed
მაგიდაზე გადასაფარებელი

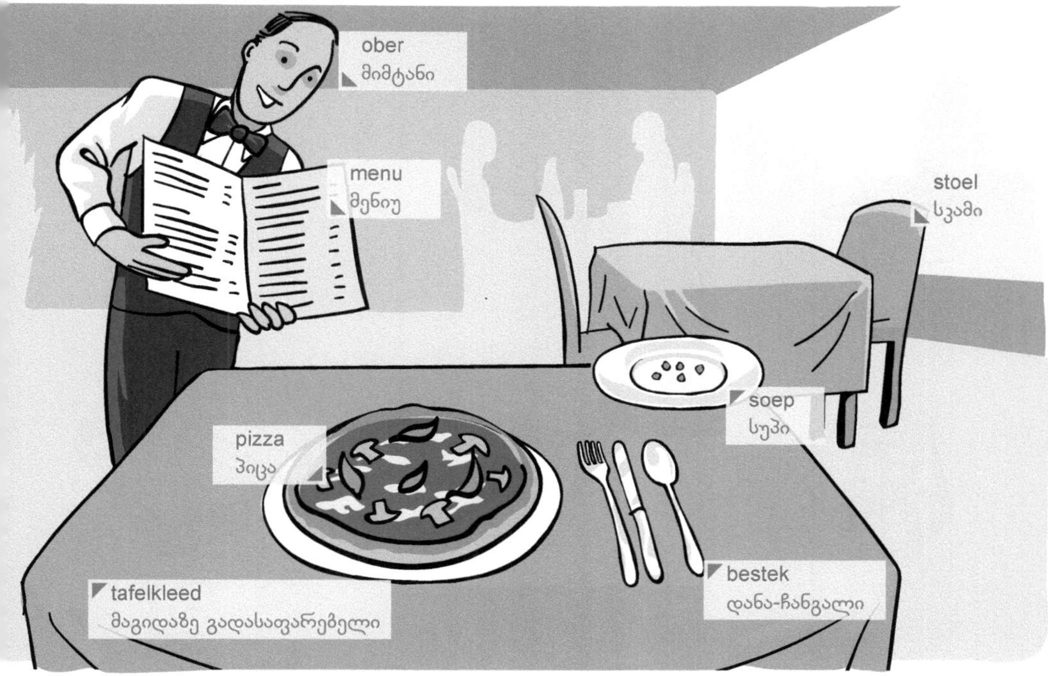

voorgerecht

საუზმე

hoofdgerecht

მთავარი კერძი

nagerecht

დესერტი

drankjes

დასალევი

eten

საჭმელი

fles

ბოთლი

fastfood

სწრაფი კვება

street food

ქუჩის საჭმელი

theepot

ჩაიდანი

suikerpot

საშაქრე

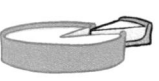

portie

პორცია

espressomachine

ესპრესოს მანქანა

kinderstoel

მაღალი სკამი

rekening

ანგარიში

dienblad

ლანგარი

mes

დანა

vork

ჩანგალი

lepel

კოვზი

theelepel

ჩაის კოვზი

serviette

ხელსახოცი

glas

ჭიქა

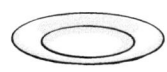

bord
თეფში

soepbord
სუპის თეფში

schoteltje
ჩაის ლამბაქი

saus
საწებელი

zoutvatje
სამარილე

pepermolen
წიწაკის საფქვავი

azijn
ძმარი

olie
ზეთი

kruiden
სანელებლები

ketchup
კეტჩუპი

mosterd
მდოგვი

mayonaise
მაიონეზი

supermarkt

სუპერმარკეტი

aanbieding
სპეციალური შეთავაზება
FOR
klant
მომხმარებელი
zuivelproducten
რძის ნაწარმი
fruit
ხილი
winkelwagen
ურიკა

slagerij

საყასბო

bakkerij

საცხობი

wegen

აწონვა

groenten

ბოსტნეული

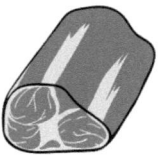

vlees

ხორცი

diepvriesvoedsel

გაყინული საკვები

charcuterie

გრილი ხორცი

conserven

კონსერვები

waspoeder

სარეცხი ფხვნილი

snoep

ტკბილეული

huishoudproducten

საყოფაცხოვრებო
პროდუქტები

schoonmaakproducten

სარეცხი საშუალებები

verkoopster

გამყიდველი

kassa

სალარო

kassier

მოლარე

boodschappenlijstje

საყიდლების სია

openingstijden

მუშაობის საათები

portefeuille

პორტმანი

kredietkaart

საკრედიტო ბარათი

tas

ჩანთა

plastieken zakje

პლასტიკური პარკი

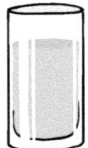

drankjes
დასალევი

water

წყალი

sap

წვენი

melk

რძე

cola

კოკა-კოლა

wijn

ღვინო

bier

ლუდი

alcohol

ალკოჰოლი

cacao

კაკაო

thee

ჩაი

koffie

ყავა

espresso

ესპრესო

cappuccino

კაპუჩინო

banaan

ბანანი

appel

ვაშლი

sinaasappel

ფორთოხალი

meloen

საზამთრო

citroen

ლიმონი

wortel

სტაფილო

knoflook

ნიორი

bamboe

ბამბუკი

ajuin

ხახვი

champignon

სოკო

noten

კაკალი

noodles

ატრია

spaghetti

სპაგეტი

rijst

ბრინჯი

salade

სალათი

frieten

ჩიპსები

gebakken aardappelen

შემწვარი კარტოფილი

pizza

პიცა

hamburger

ჰამბურგერი

sandwich

სენდვიჩი

kalfslapje

კოტლეტი

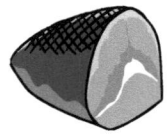

ham

ლორი

salami

სალიამი

worst

ძეხვი

kip

წიწილა

braden

შემწვარი ხორცი

vis

თევზი

havervlokken

შვრიის ფაფა

muesli

მუსლი

cornflakes

სიმინდის ფანტელები

bloem

ფქვილი

croissant

კრუასანი

pistolet

ბულკი

brood

პური

toast

ტოსტი

koekjes

ნამცხვრები

boter

კარაქი

kwark

ხაჭო

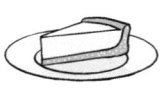

taart

ტორტი

ei

კვერცხი

spiegelei

ერბო-კვერცხი

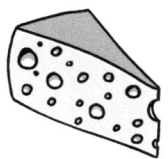

kaas

ყველი

ijs

ნაყინი

suiker

შაქარი

honing

თაფლი

confituur

ჯემი

choco

შოკოლადის კრემი

curry

კარი

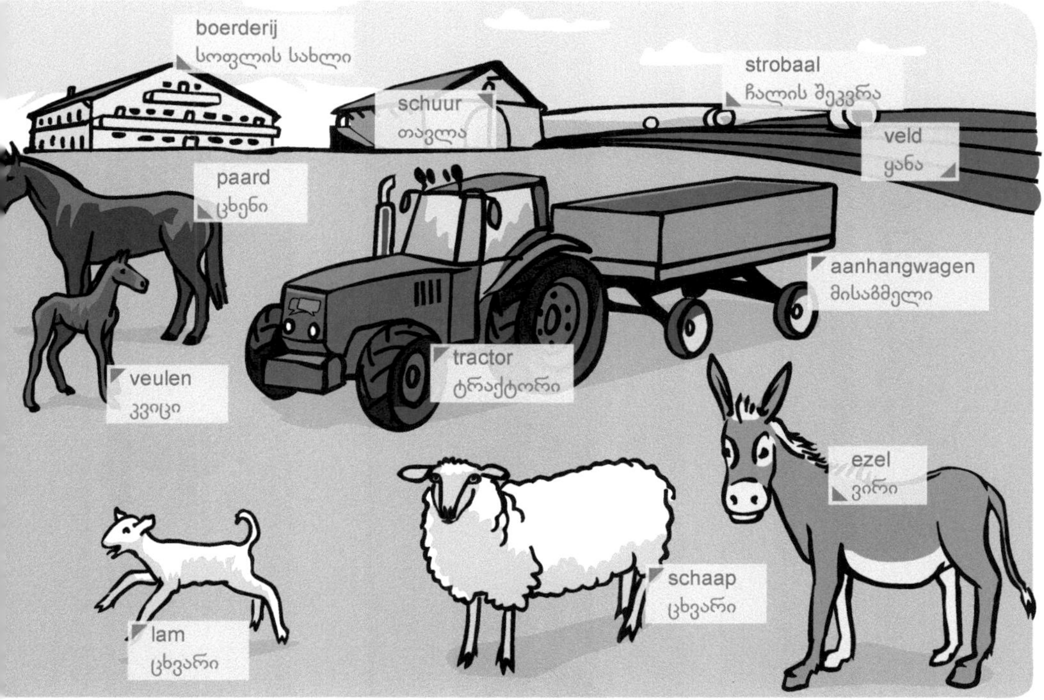

boerderij
სოფლის სახლი

schuur
თავლა

strobaal
ჩალის შეკვრა

veld
ყანა

paard
ცხენი

aanhangwagen
მისაბმელი

veulen
კვიცი

tractor
ტრაქტორი

ezel
ვირი

lam
ცხვარი

schaap
ცხვარი

geit

თხა

koe

ძროხა

kalf

ხბო

varken

ღორი

biggetje

გოჭი

stier

ხარი

gans

ბატი

eend

იხვი

kuiken

წიწილა

kip

ქათამი

haan

მამალი

rat

ვირთხა

kat

კატა

muis

თაგვი

os

ხარი

hond

ძაღლი

hondenhok

საძაღლე

tuinslang

ბაღის შლანგი

gieter

საბაღე წურწურა

zeis

ცელი

ploeg

გუთანი

sikkel

ნამგალი

schoffel

თოხი

hooivork

პატივის სახვეტი ჩანგალი

bijl

ცული

kruiwagen

მაზიდი

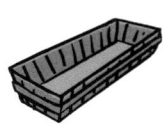

trog

გობი

melkkan

რძის ბიდონი

zak

ტომარა

hek

ღობე

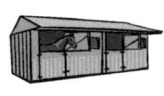

stal

ბოსელი

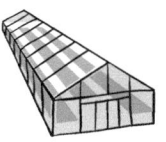

broeikas

სათბური

bodem

ნიადაგი

zaad

თესლი

mest

სასუქი

maaidorser

მოსავლის ამღები კომბაინი

oogsten

მოსავლის აღება

oogst

მოსავალი

yam

იამი

tarwe

ხორბალი

soja

სოიო

aardappel

კარტოფილი

maïs

სიმინდი

koolzaad

სარეველას თესლი

fruitboom

ხეხილი

maniok

მანიოკი

graan

მარცვლეული

huis
სახლი

schoorsteen
ბუხარი
dak
სახურავი
regenpijp
წყალსადინარი მილი
raam
ფანჯარა
garage
ავტოფარეხი
deurbel
კარის ზარი
deur
კარი
vuilnisbak
ნაგვის ყუთი
brievenbus
საფოსტო ყუთი
tuin
ბაღი

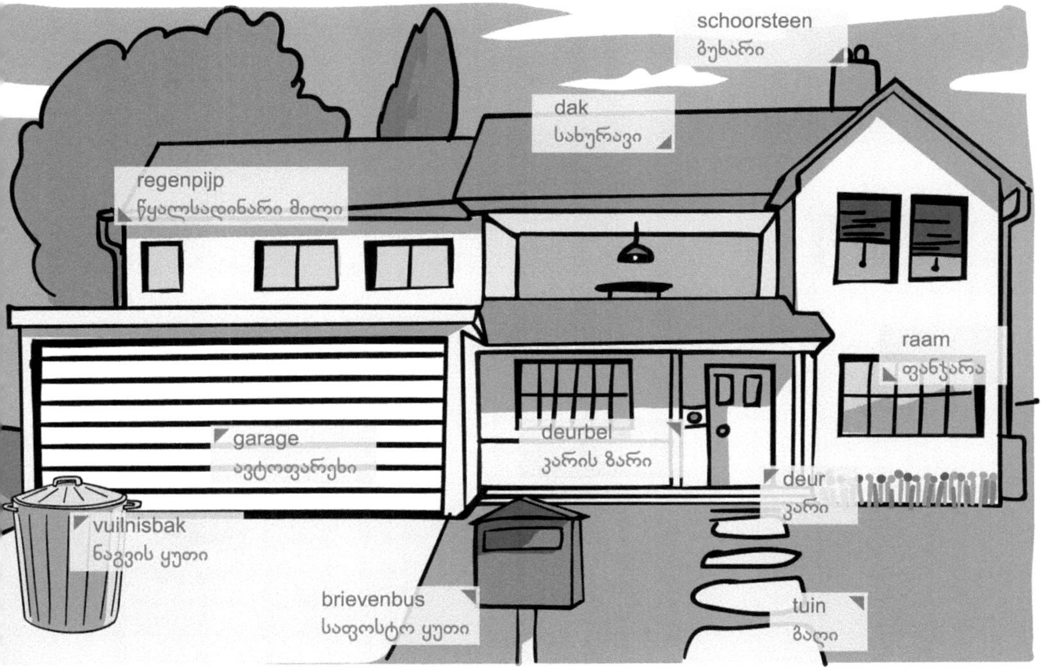

woonkamer

მისაღები ოთახი

badkamer

აბაზანა

keuken

სამზარეულო

slaapkamer

საძინებელი

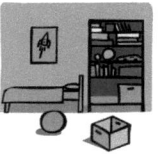

kinderkamer

საბავშვო ოთახი

eetkamer

სასადილო ოთახი

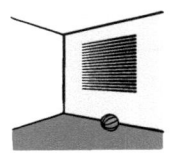

vloer

სართული

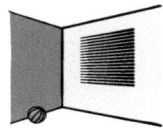

muur

კედელი

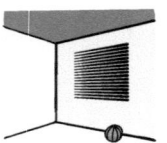

plafond

ჭერი

kelder

სარდაფი

sauna

საუნა

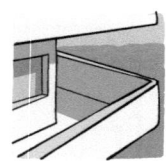

balkon

აივანი

terras

ტერასა

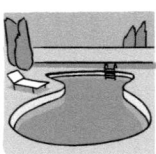

zwembad

აუზი

grasmaaier

გაზონის საკრეჭი

dekbedovertrek

საბნის კონვერტი

dekbed

საწოლი

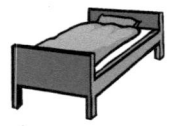

bed

ლოგინი

bezem

ცოცხი

emmer

სათლი

schakelaar

გადამრთველი

woonkamer
მისაღები ოთახი

behangpapier
შპალერი
foto
ნახატი
lamp
ნათურა
schap
თარო
kast
კარადა
televisie
ტელევიზორი
open haard
ბუხარი
bloem
ყვავილი
kussen
ბალიში
sofa
დივანი
vaas
ვაზა
afstandsbediening
დისტანციური მართვა

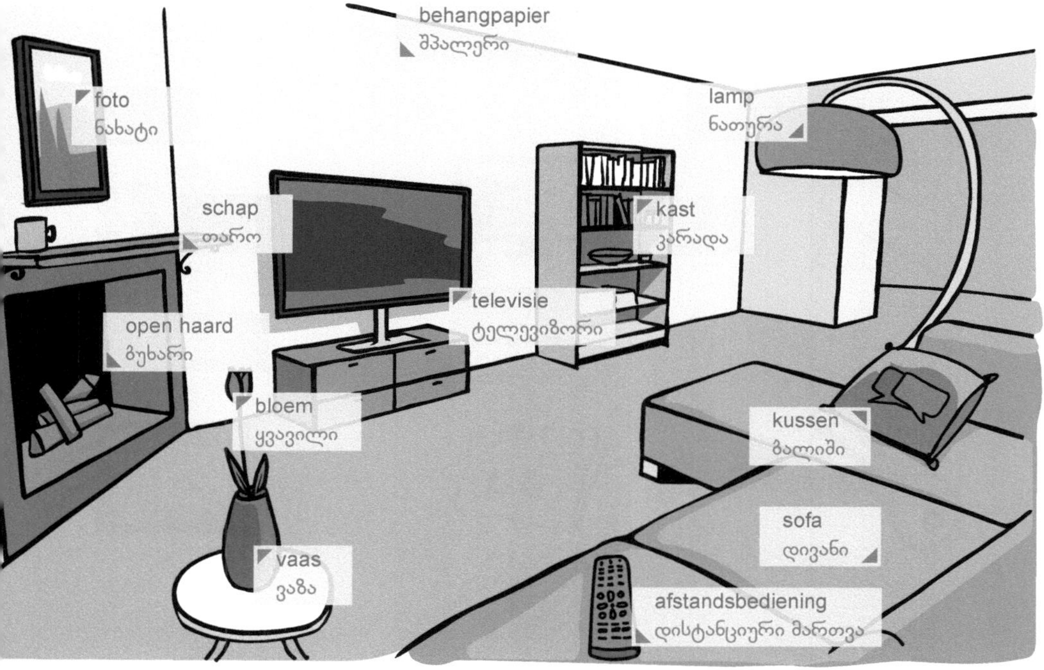

mat

ხალიჩა

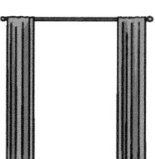

gordijn

ფარდა

tafel

მაგიდა

stoel

სკამი

schommelstoel

სარწყეველა სკამი

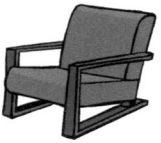

fauteuil

სავარძელი

boek

წიგნი

deken

საბანი

decoratie

დეკორაცია

brandhout

შეშა

film

ფილმი

stereo-installatie

hi-fi მოწყობილობები

sleutel

გასაღები

krant

გაზეთი

schilderij

ფერწერა

poster

პლაკატი

radio

რადიო

notitieboekje

ბლოკნოტი

stofzuiger

მტვერსასრუტი

cactus

კაქტუსი

kaars

სანთელი

keuken
სამზარეულო

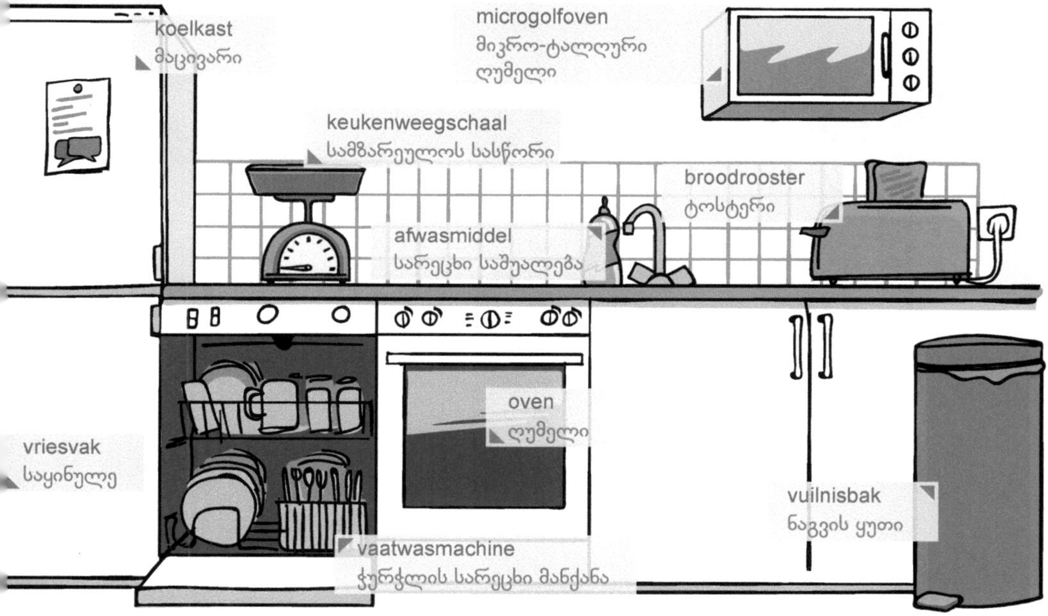

koelkast
მაცივარი
microgolfoven
მიკრო-ტალღური ღუმელი
keukenweegschaal
სამზარეულოს სასწორი
broodrooster
ტოსტერი
afwasmiddel
სარეცხი საშუალება
oven
ღუმელი
vriesvak
საყინულე
vuilnisbak
ნაგვის ყუთი
vaatwasmachine
ჭურჭლის სარეცხი მანქანა

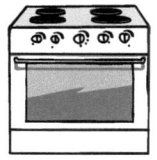

fornuis

გაზქურა

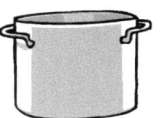

pot

ქოთანი

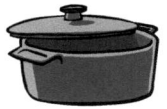

gietijzeren pot

თუჯის ქვაბი

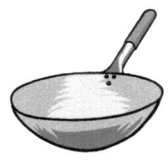

wok / kadai

ტაფა ამობერილი ფსკერით

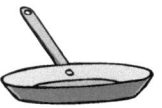

pan

ტაფა

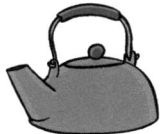

waterkoker

ჩაიდანი

stoomkoker

ორთქლსახარში

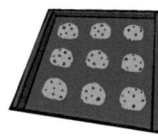

bakplaat

საცხობი ლანგარი

servies

ჭურჭელი

mok

კათხა

kom

თასი

eetstokjes

ჩინური ჩხირები

pollepel

ჩამჩა

spatel

ფითხი

garde

სათქვეფელა

vergiet

საწური

zeef

საცერი

rasp

სახეხი

mortier

სანაყი

barbecue

გრილი

haardvuur

კოცონი

snijplank

დაფა

deegrol

საგორავი

kurkentrekker

ბურღი

blik

ქილა

blikopener

ქილის გასახსნელი

pannenlap

ქოთნის დამჭერი

gootsteen

ნიჟარა

borstel

ფუნჯი

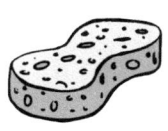

spons

ღრუბელი

blender

ბლენდერი

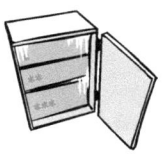

vriezer

საყინულე კამერა

papfles

საბავშვო ბოთლი

kraan

ონკანი

badkamer
აბაზანა

verwarming
გათბობა
handdoek
პირსახოცი
douche
შხაპი
douchegordijn
საშხაპე ფარდა
bubbelbad
ღრუბლიანი აბანო
badkuip
ვანა
glas
ჭიქა
wasmachine
სარეცხი მანქანა
kraan
ონკანი
tegels
ფილები
kinderpo
ღამის ქოთანი
gootsteen
ნიჟარა

toilet

ტუალეტი

hurktoilet

იატაკის ტუალეტი

bidet

ბიდე

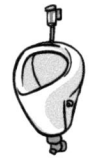

urinoir

კედლის პისუარი

toiletpapier

ტუალეტის ქაღალდი

toiletborstel

ტუალეტის ჯაგრისი

tandenborstel

კბილის ჯაგრისი

tandpasta

კბილის პასტა

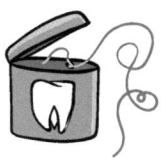

flosdraad

კბილის ძაფი

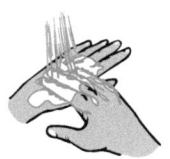

wassen

რეცხვა

handdouche

ხელის შხაპი

bidethanddouche

ინტიმური შხაპი

waskom

ტაშტი

rugborstel

ზურგის სახეხი ფუნჯი

zeep

საპონი

douchegel

შხაპის გელი

shampoo

შამპუნი

washandje

ნეჭა

afvoer

სანიაღვრე

crème

კრემი

deodorant

დეოდორანტი

spiegel

სარკე

handspiegel

ხელის სარკე

scheermes

ბრიტვა

scheerschuim

საპარსი ქაფი

aftershave

საშუალება გაპარსვის შემდეგ

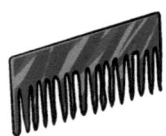

kam

სავარცხელი

borstel

ჯაგრისი

haardroger

თმის საშრობი

haarlak

თმის ლაქი

make-up

კოსმეტიკა

lippenstift

ტუჩების პომადა

nagellak

ფრჩხილის ლაქი

watten

ბამბა

nagelknipper

ფრჩხილის მაკრატელი

parfum

სუნამო

toilettas

კოსმეტიკის ჩანთა

kruk

ტაბურეტი

weegschaal

სასწორი

badjas

საბაზანო ხალათი

latex handschoenen

რეზინის ხელთათმანები

tampon

ტამპონი

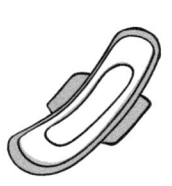

maandverband

სანიტარული პირსახოცი

chemisch toilet

ბიო-ტუალეტი

kinderkamer
საბავშვო ოთახი

wekker
მაღვიძარა
knuffel
რბილი სათამაშო
speelgoedauto
სათამაშო მანქანა
rammelaar
ჩხარუნა სათამაშო
poppenhuis
თოჯინების სახლი
geschenk
საჩუქარი

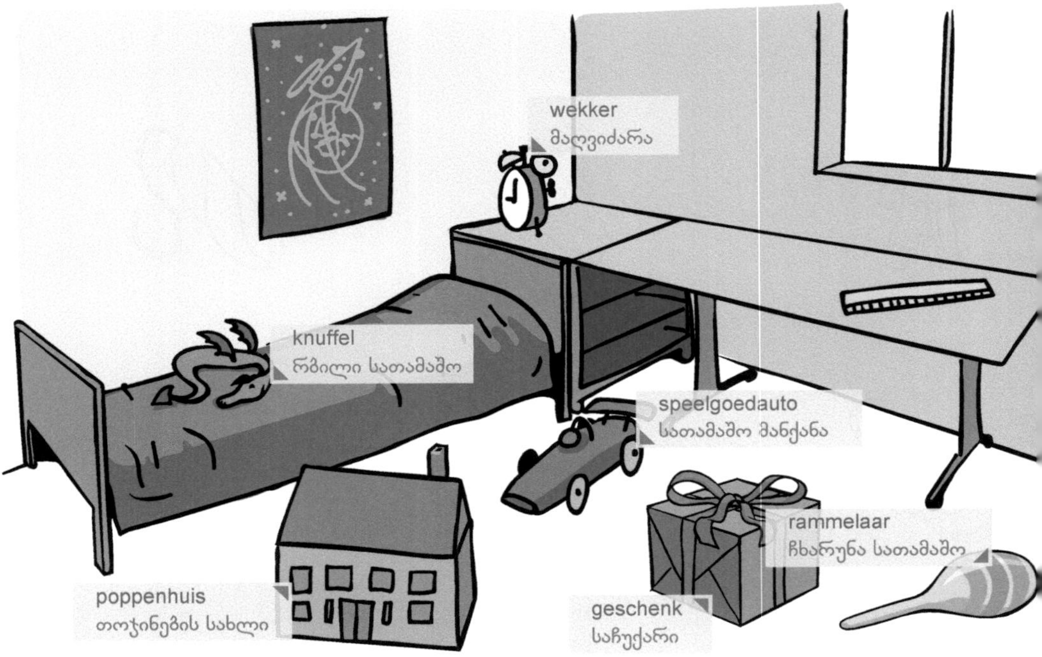

ballon

ბუშტი

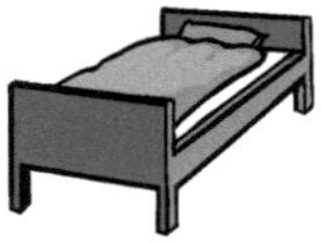

bed

ლოგინი

kinderwagen

საბავშვო ეტლი

spel kaarten

კარტის თამაში

puzzel

პაზლი

stripboek

კომიკსი

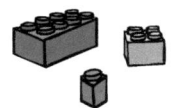

legoblokjes

ლეგოს აგურები

blokken

ასაშენებელი კუბიკები

actiefiguur

სათამაშო ფიგურა

kruippakje

საცოცავი

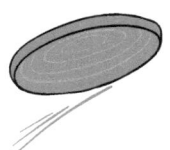

frisbee

ფრისბი

mobiel

მობილე

bordspel

სამაგიდო თამაში

dobbelsteen

კამათელი

modelspoorweg

რკინიგზის მოდელი

fopspeen

საწოვარა

feest

წვეულება

prentenboek

წიგნი ნახატებით

bal

ბურთი

pop

თოჯინა

spelen

თამაში

zandbak

საქვიშარი

schommel

საქანელა

speelgoed

სათამაშოები

spelconsole

ვიდეო თამაშის კონსოლი

driewieler

სამთვლიანი ველოსიპედი

knuffelbeer

დათუნია

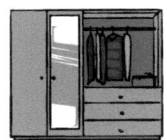

kleerkast

გარდერობი

kleding
ტანსაცმელი

sokken

წინდები

kousen

ჩულქები

maillot

კოლგოტები

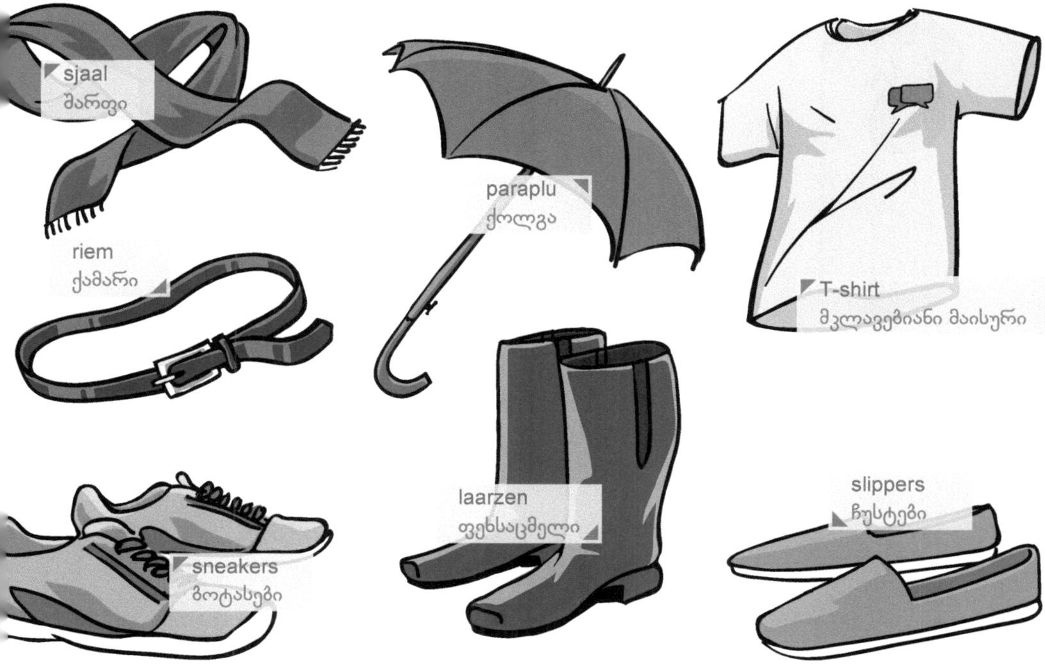

sjaal
შარფი

paraplu
ქოლგა

T-shirt
მკლავებიანი მაისური

riem
ქამარი

laarzen
ფეხსაცმელი

slippers
ჩუსტები

sneakers
ბოტასები

sandalen

სანდლები

schoenen

ფეხსაცმელი

rubberlaarzen

რეზინის ჩექმები

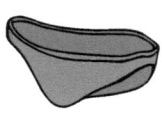

onderbroek

ტრუსები

beha

ბიუსჰალტერი

onderhemd

მაისური

lichaam

სხეული

broek

შარვალი

jeans

ჯინსი

rok

ქვედაკაბა

blouse

ბლუზი

hemd

პერანგი

trui

სვიტრი

capuchontrui

კაპიუშონიანი ჟაკეტი

blazer

სპორტული ქურთუკი

jas

ჟაკეტი

jas

პალტო

regenjas

საწვიმარი

kostuum

კოსტუმი

jurk

კაბა

trouwjurk

საქორწილო კაბა

pak

კაცის კოსტიუმი

nachthemd

ღამის პერანგი

pyjama

პიჟამოები

sari

სარი

hoofddoek

თავშალი

tulband

ტურბანი

boerka

ჩადრი

kaftan

ხიფთანი

abaya

აბაია

badpak

საცურაო კოსტუმი

zwembroek

ჩემოდნები

short

შორტები

trainingspak

სპორტული კოსტიუმი

schort

წინსაფარი

handschoenen

ხელთათმანები

knoop

ღილი

bril

სათვალეები

armband

სამაჯური

ketting

ყელსაბამი

ring

ბეჭედი

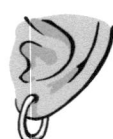

oorbel

საყურე

pet

კეპი

kapstok

საკიდი

hoed

ქუდი

das

ჰალსტუხი

rits

ელვა-შესაკრავის შეკვრა

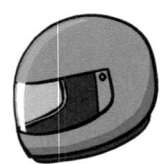

helm

ჩაფხუტი

bretellen

აჭიმი

schooluniform

სკოლის ფორმა

uniform

ფორმა

slabbetje

ბავშვის წინსაფარი

fopspeen

საწოვარა

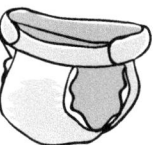

luier

პამპერსი

kantoor

ოფისი

server
სერვერი
dossierkast
საკანცელარიო კარადა
printer
პრინტერი
papier
ქაღალდი
monitor
მონიტორი
muis
თაგვი
bureau
მაგიდა
map
საქაღალდე
toestenbord
კლავიატურა
ermand
ათა ნარჩენი ქაღალდებისათვის
stoel
სკამი
computer
კომპიუტერი

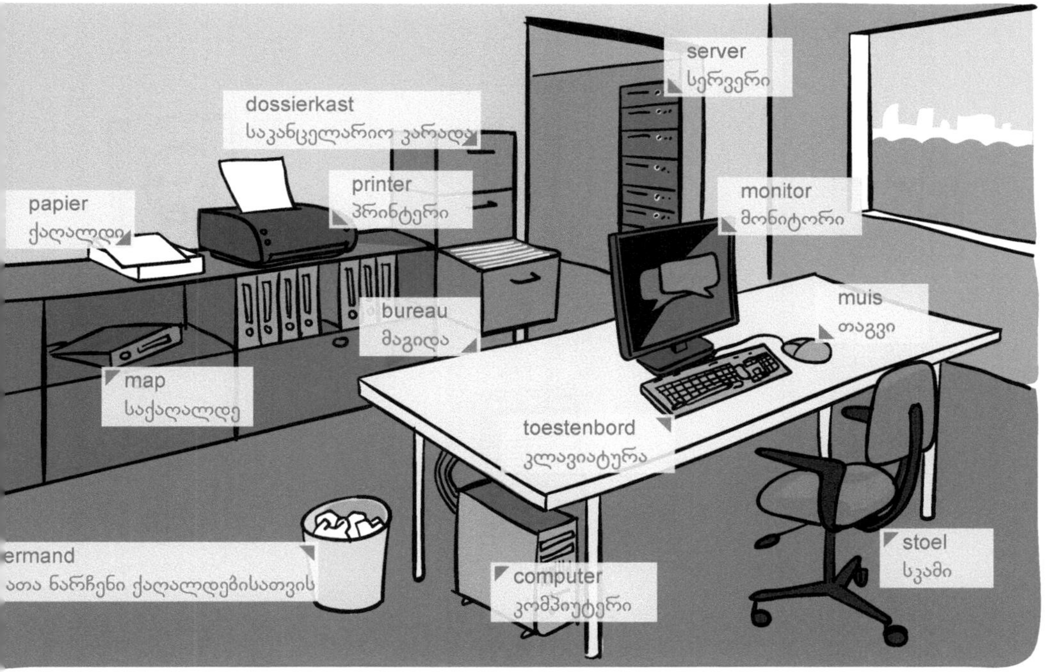

koffiemok

ყავის ფინჯანი

rekenmachine

კალკულატორი

internet

ინტერნეტი

laptop

ლეპტოპი

brief

წერილი

bericht

მესიჯი

gsm

მობილური ტელეფონი

netwerk

ქსელი

kopieerapparaat

სკანერი

software

პროგრამული
უზრუნველყოფა

telefoon

ტელეფონი

stopcontact

როზეტი

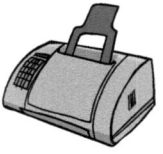

fax

ფაქსის მანქანა

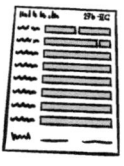

formulier

ფორმულარი

document

დოკუმენტი

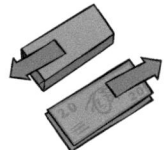

kopen

ყიდვა

betalen

გადახდა

handelen

ვაჭრობა

geld

ფული

dollar

დოლარი

euro

ევრო

yen

იენი

roebel

რუბლი

Zwitserse frank

შვეიცარული ფრანკი

Chinese renminbi

ჟენმინბი იუანი

roepie

რუპი

geldautomaat

ბანკომატი

wisselkantoor

ვალუტის გადაცვლის პუნქტი

goud

ოქრო

zilver

ვერცხლი

olie

ნავთობი

energie

ენერგია

prijs

ფასი

contract

ხელშეკრულება

belasting

გადასახადი

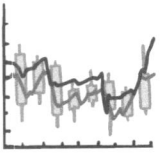

aandeel

აქცია

werken

მუშაობა

werknemer

თანამშრომელი

werkgever

დამსაქმებელი

fabriek

ქარხანა

winkel

მაღაზია

beroepen
პროფესიები

politieagent
პოლიციის ოფიცერი
brandweerman
მეხანძრე
kok
მზარეული
dokter
ექიმი
piloot
მფრინავი

tuinman
მებაღე

timmerman
დურგალი

naaister
თეთრეულის მკერავი ქალბატონი

rechter
მოსამართლე

chemicus
ქიმიკოსი

acteur
მსახიობი

buschauffeur

ავტობუსის მძღოლი

taxichauffeur

ტაქსის მძღოლი

visser

მეთევზე

schoonmaakster

დამლაგებელი ქალბატონი

dakdekker

სახურავის ოსტატი

ober

მიმტანი

jager

მონადირე

schilder

ფერმწერი

bakker

მცხობელი

elektricien

ელექტრიკოსი

bouwvakker

მშენებელი

ingenieur

ინჟინერი

slager

ყასაბი

loodgieter

სანტექნიკოსი

postbode

ფოსტალიონი

soldaat

ჯარისკაცი

architect

არქიტექტორი

kassier

მოლარე

bloemist

ფლორისტი

kapper

პარიკმახერი

conducteur

კონდუქტორი

mecanicien

მექანიკოსი

kapitein

კაპიტანი

tandarts

სტომატოლოგი

wetenschapper

მეცნიერი

rabbijn

რაბინი

imam

იმამი

monnik

ბერი

geestelijke

სასულიერო პირი

werktuigen
იარაღები

hamer
ჩაქუჩი
tang
ბრტყელტუჩა
schroevendraaier
სახრახნისი
schroefsleutel
ქანჩის გასაღები
zaklamp
ჯიბის სანათი

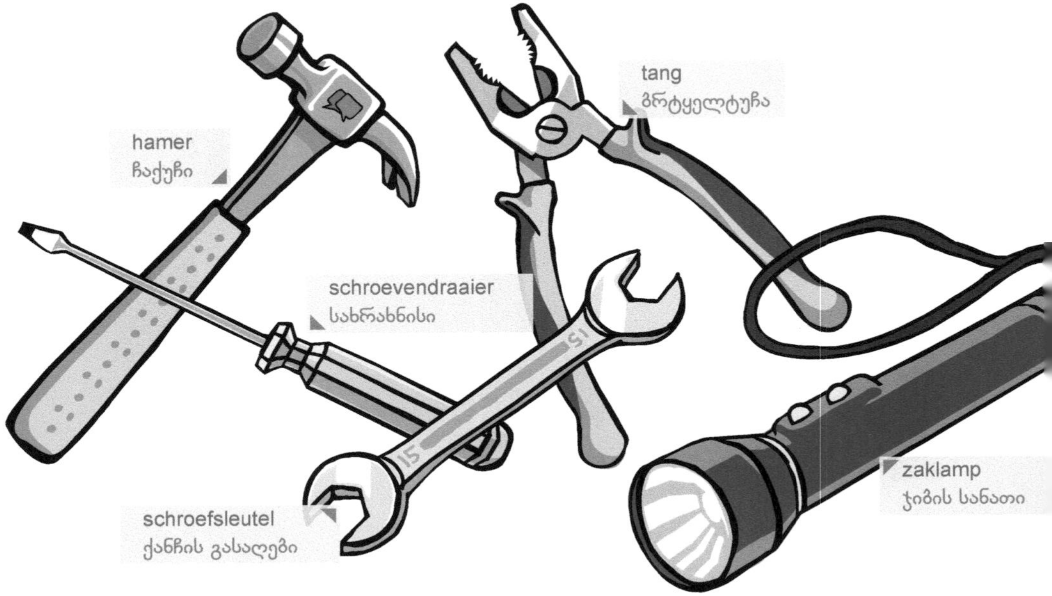

graafmachine

ექსკავატორი

gereedschapskoffer

იარაღების ყუთი

ladder

კიბე

zaag

ხერხი

spijkers

ლურსმები

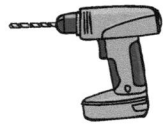

boormachine

საბურღი

repareren

შეკეთება

schop

ნიჩაბი

Verdomme!

ანდაზა!

blik

აქანდაზი

verfpot

საღებავის ქოთანი

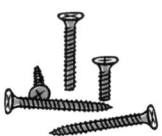

schroeven

ხრახნები

muziekinstrumenten
მუსიკალური ინსტრუმენტები

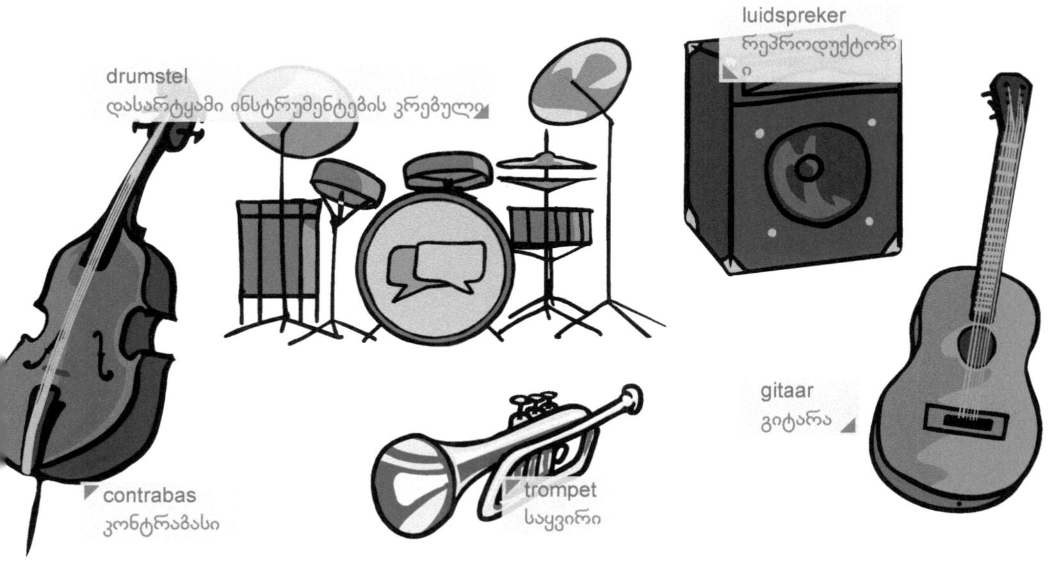

drumstel
დასარტყამი ინსტრუმენტების კრებული

luidspreker
რეპროდუქტორი

gitaar
გიტარა

contrabas
კონტრაბასი

trompet
საყვირი

piano

ფორტეპიანო

viool

ვიოლინო

basgitaar

ბასი

pauk

ტიმპანონი

trommels

დასარტყამები

keyboard

კლავიშები

saxofoon

საქსოფონი

fluit

ფლეიტა

microfoon

მიკროფონი

ZOO
ზოოპარკი

ingang
შესასვლელი
tijger
ვეფხვი
kooi
გალია
zebra
ზებრა
diereneten
ცხოველთა საკვები
panda
პანდა

dieren

ცხოველები

olifant

სპილო

kangoeroe

კენგურუ

neushoorn

მარტორქა

gorilla

გორილა

beer

დათვი

kameel

აქლემი

struisvogel

სირაქლემა

leeuw

ლომი

aap

მაიმუნი

flamingo

ფლამინგო

papegaai

თუთიყუში

ijsbeer

პოლარული დათვი

pinguïn

პინგვინი

haai

ზვიგენი

pauw

ფარშევანგი

slang

გველი

krokodil

ნიანგი

dierenverzorger

ზოოპარკის მფლობელი

zeehond

სელაპი

jaguar

იაგუარი

pony

პონი

luipaard

ლეოპარდი

nijlpaard

ბეჰემოტი

giraffe

ჟირაფი

adelaar

არწივი

wild zwijn

ტახი

vis

თევზი

zeeschildpad

კუ

walrus

მორჟი

vos

მელა

gazelle

გაზელი

sporten
სპორტი

rugby
ამერიკული ფეხბურთი
wielrennen
ველოსპორტი
tennis
ჩოგბურთი
basketbal
კალათბურთი
zwemmen
ცურვა
boksen
კრივი
ijshockey
ყინულის ჰოკეი

voetbal

ფეხბურთი

badminton

ბადმინტონი

atletiek

მძლეოსნობა

handbal

ხელბურთი

skiën

სათხილამურო სპორტი

polo

წყლის პოლო

activiteiten
მოქმედებები

schrijven
წერა

tekenen
დახატვა

tonen
ჩვენება

duwen
დაჭერა

geven
მიცემა

nemen
აღება

hebben

ქონა

doen

კეთება

zijn

ყოფნა

staan

დგომა

lopen

გარბენა

trekken

მოქაჩვა

gooien

გადაყრა

vallen

დაცემა

liggen

ტყუილის თქმა

wachten

მოცდენა

dragen

ტარება

zitten

ჯდომა

aankleden

ჩაცმა

slapen

ძილი

ontwaken

გაღვიძება

kijken naar

დათვალიერება

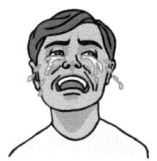

wenen

ტირილი

aaien

გაუთოება

kammen

დავარცხნა

praten

ლაპარაკი

begrijpen

გაგება

vragen

შეკითხვა

luisteren

მოსმენა

drinken

დალევა

eten

ჭამა

opruimen

დალაგება

houden van

ყვარება

koken

კერძების მზადება

rijden

სვლა

vliegen

ფრენა

zeilen

აფრის ქვეშ სიარული

rekenen

გამოთვლა

Lezen

წაკითხვა

leren

შესწავლა

werken

მუშაობა

trouwen

ქორწინება

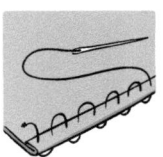

naaien

კერვა

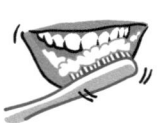

tandenpoetsen

კბილების ხეხვა

doden

მოკვლა

roken

მოწევა

sturen

გაგზავნა

familie

ოჯახი

grootmoeder
ბებია
grootvader
ბაბუა
vader
მამა
moeder
დედა
baby
ბავშვი
dochter
ქალიშვილი
zoon
ვაჟიშვილი

gast

სტუმარი

tante

დეიდა

oom

ბიძა

broer

ძმა

zus

და

lichaam
სხეული

voorhoofd
შუბლი
oog
თვალი
schouder
მხარი
vinger
თითი
gezicht
სახე
kin
ნიკაპი
hand
ხელი
been
ფეხი
borst
მკერდი
arm
მკლავი

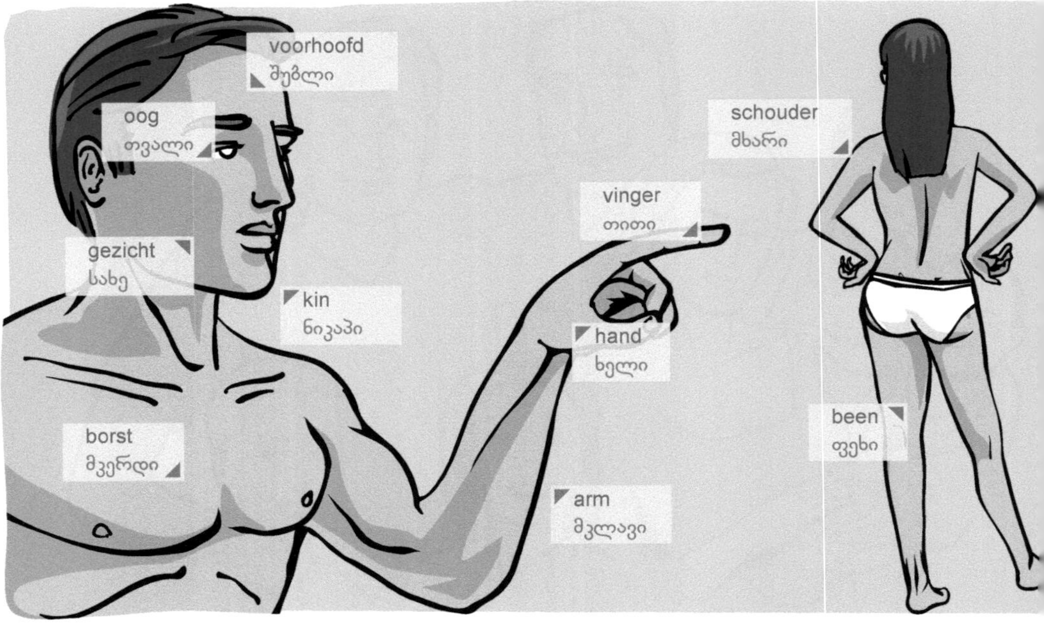

baby

ბავშვი

man

კაცი

vrouw

ქალი

meisje

გოგო

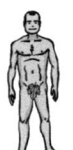

jongen

ბიჭი

hoofd

თავი

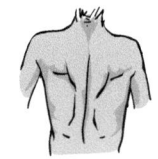

rug

ზურგი

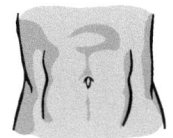

buik

მუცელი

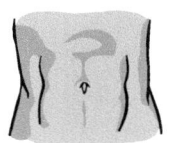

navel

ჭიპი

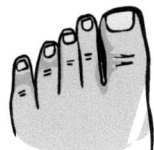

teen

ფეხის თითი

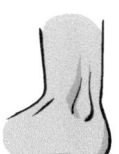

hiel

ქუსლი

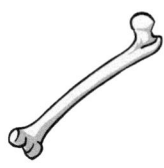

bot

ძვალი

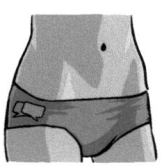

heup

ბარძაყი

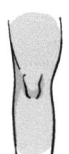

knie

მუხლი

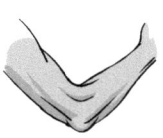

elleboog

იდაყვი

neus

ცხვირი

zitvlak

დუნდულა

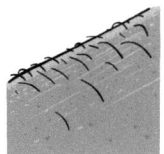

huid

კანი

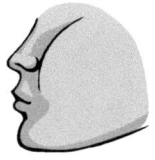

wang

ლოყა

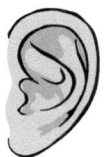

oor

ყური

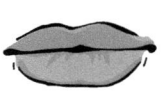

lip

ტუჩი

mond

პირი

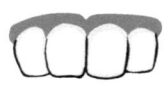

tand

კბილი

tong

ენა

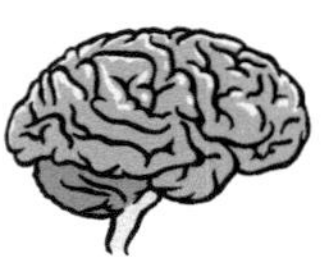

hersenen

ტვინი

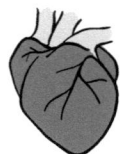

hart

გული

spier

კუნთი

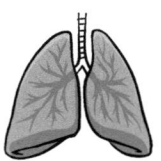

long

ფილტვი

lever

ღვიძლი

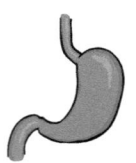

maag

კუჭი

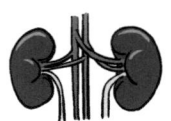

nieren

თირკმელები

seks

სექსი

condoom

პრეზერვატივი

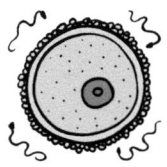

eicel

კვერცხუჯრედი

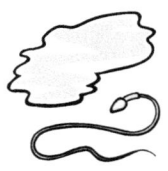

sperma

სპერმა

zwangerschap

ორსულობა

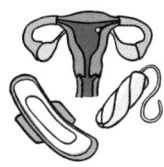

menstruatie

მენსტრუაცია

vagina

საშო

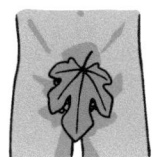

penis

პენისი

wenkbrauw

წარბი

haar

თმა

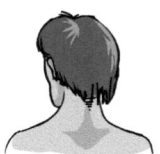

nek

კისერი

ziekenhuis
საავადმყოფო

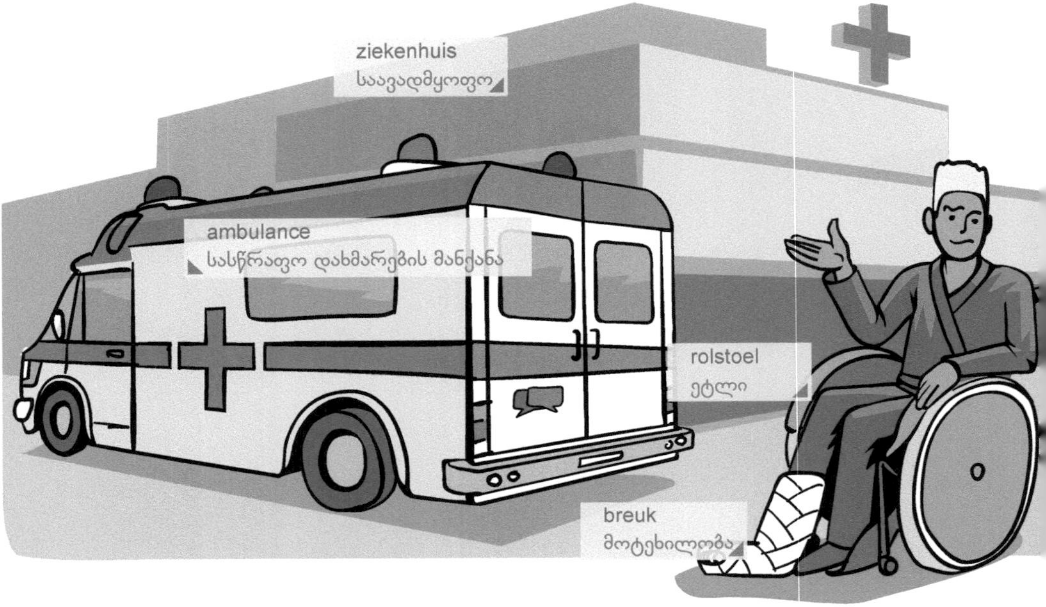

ziekenhuis
საავადმყოფო
ambulance
სასწრაფო დახმარების მანქანა
rolstoel
ეტლი
breuk
მოტეხილობა

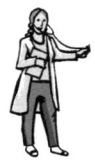

dokter

ექიმი

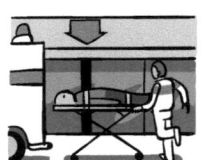

spoed

პირველი დახმარების ოთახი

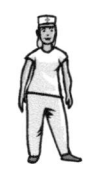

verpleegkundige

მედდა

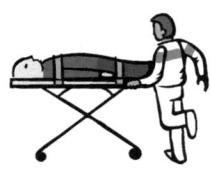

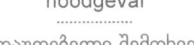

noodgeval

გადაუდებელი შემთხვევა

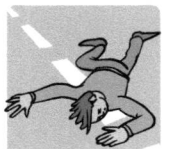

bewusteloos

უგონოდ მყოფი

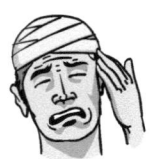

pijn

ტკივილი

verwonding

დაზიანება

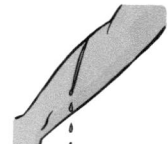

bloeding

სისხლდენა

hartaanval

გულის შეტევა

beroerte

ინსულტი

allergie

ალერგია

hoest

ხველა

koorts

ცხელება

griep

გრიპი

diarree

დიარეა

hoofdpijn

თავის ტკივილი

kanker

კიბო

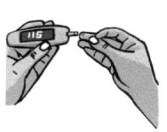

diabetes

დიაბეტი

chirurg

ქირურგი

scalpel

სკალპელი

operatie

ოპერაცია

CT

კტ

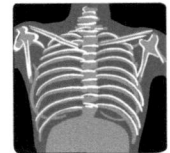

röntgenstraal

რენტგენი

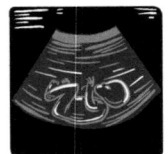

ultrageluid

ულტრაბგერა

gezichtsmasker

ნიღაბი

ziekte

დაავადება

wachtkamer

მოსაცდელი ოთახი

kruk

ყავარჯენი

pleister

თაბაშირი

verband

ბინტი

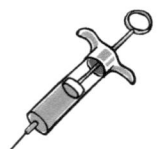

injectie

ინექცია

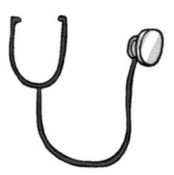

stethoscoop

სტეტოსკოპი

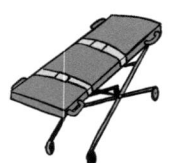

brancard

საკაცე

thermometer

თერმომეტრი

geboorte

დაბადება

overgewicht

ჭარბი წონა

hoorapparaat

სმენის აპარატი

ontsmettingsmiddel

სადეზინფექციო საშუალება

infectie

ინფექცია

virus

ვირუსი

HIV / AIDS

აივ / შიდსი

medicijn

წამალი

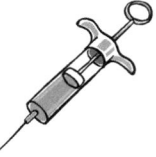

vaccinatie

ვაქცინაცია

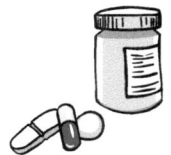

tabletten

ტაბლეტები

pil

აბი

noodoproep

დაუდებელი გამოძახება

bloeddrukmeter

წნევის საზომი აპარატი

ziek / gezond

ავადმყოფი / ჯანმრთელი

noodgeval
გადაუდებელი შემთხვევა

Help!
დამეხმარეთ!

alarm
განგაში

overval
თავდასხმა

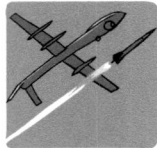

aanval
შეტევა

gevaar
საფრთხე

nooduitgang
სათადარიგო გასასვლელი

Brand!
ხანძარი!

brandblusser
ცეცხლსაქრობი

ongeval
უბედური შემთხვევა

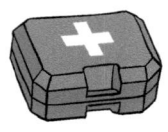

EHBO-kit
პირველადი დახმარების აფთიაქი

SOS
SOS

politie
პოლიცია

aarde

დედამიწა

Europa

ევროპა

Noord-Amerika

ჩრდილოეთ ამერიკა

Zuid-Amerika

სამხრეთ ამერიკა

Afrika

აფრიკა

Azië

აზია

Australië

ავსტრალია

Atlantische Oceaan

ატლანტიკა

Stille Oceaan

წყნარი ოკეანე

Indische Oceaan

ინდოეთის ოკეანე

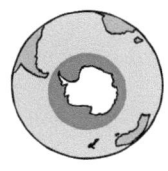

Antarctische Oceaan

ანტარქტიკის ოკეანე

Arctische Oceaan

ჩრდილოეთის ყინულოვანი ოკეანე

Noordpool

ჩრდილოეთ პოლუსი

Zuidpool

სამხრეთ პოლუსი

Antarctica

ანტარქტიდა

aarde

დედამიწა

land

ხმელეთი

zee

ზღვა

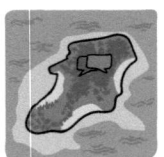

eiland

კუნძული

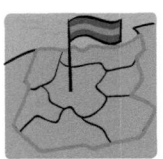

natie

ერი

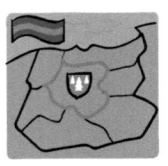

staat

სახელმწიფო

klok
საათი

wijzerplaat

ციფერბლატი

uurwijzer

საათების ისარი

minuutwijzer

წუთების ისარი

secondewijzer

წამების ისარი

Hoe laat is het?

რომელი საათია?

dag

დღე

tijd

დრო

nu

ახლა

digitale horloge

ციფრული საათი

minuut

წუთი

uur

საათი

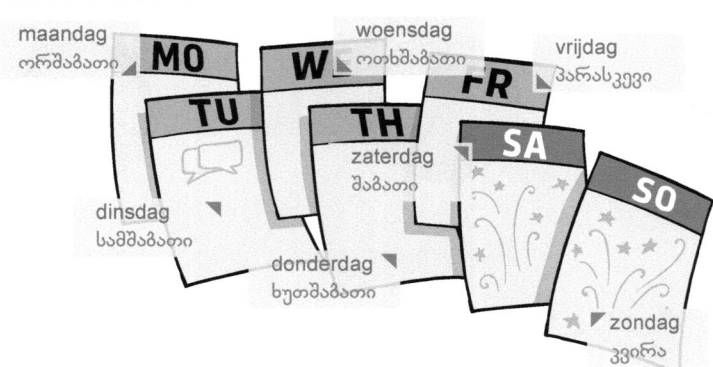

week

კვირა

maandag
ორშაბათი
woensdag
ოთხშაბათი
W
vrijdag
პარასკევი
zaterdag
შაბათი
dinsdag
სამშაბათი
donderdag
ხუთშაბათი
zondag

gisteren

გუშინ

vandaag

დღეს

morgen

ხვალ

ochtend

დილა

middag

შუადღე

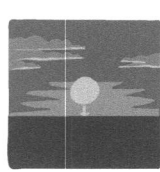

avond

საღამო

werkdagen

სამუშაო დღეები

weekend

შაბათი-კვირა

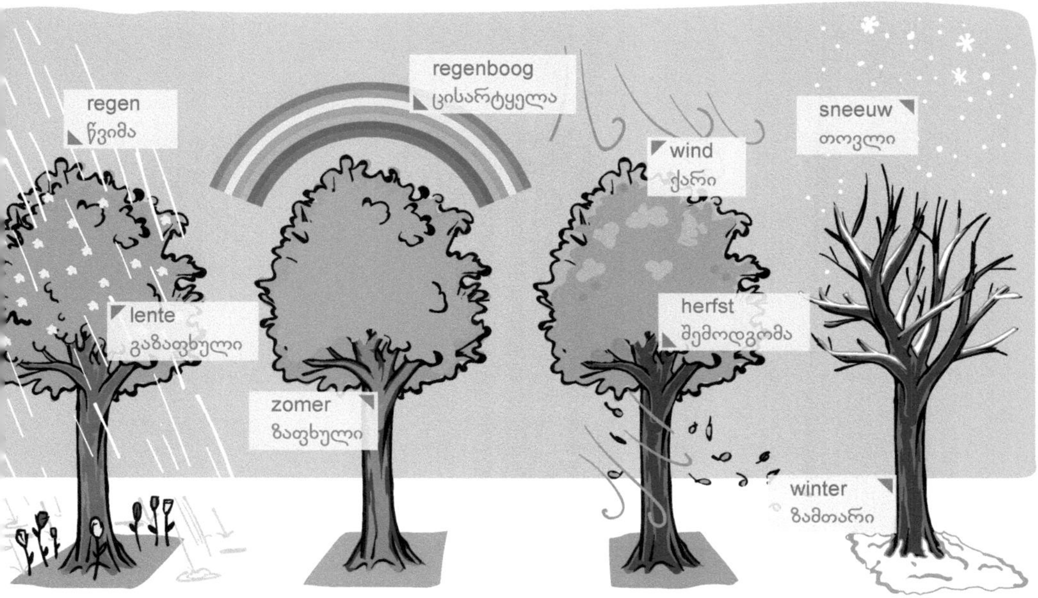

regen
წვიმა
regenboog
ცისარტყელა
wind
ქარი
sneeuw
თოვლი
lente
გაზაფხული
herfst
შემოდგომა
zomer
ზაფხული
winter
ზამთარი

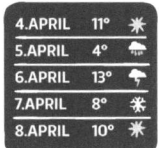

4.APRIL 11°
5.APRIL 4°
6.APRIL 13°
7.APRIL 8°
8.APRIL 10°
weervoorspelling

ამინდის პროგნოზი

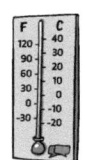

F C
120 40
90 30
60 20
30 10
0 0
-30 -10
-20
thermometer

თერმომეტრი

zonneschijn

მზის სხივი

wolk

ღრუბელი

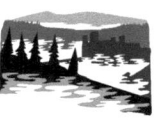

mist

ნისლი

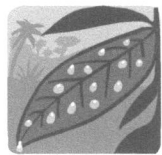

vochtigheid

ტენიანობა

bliksem

ელვა

donder

ქუხილი

storm

შტორმი

hagel

სეტყვა

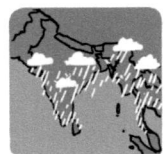

moesson

მუსონი

overstroming

წყალდიდობა

ijs

ყინული

januari

იანვარი

februari

თებერვალი

maart

მარტი

april

აპრილი

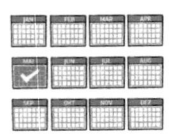

mei

მაისი

juni

ივნისი

juli

ივლისი

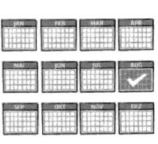

augustus

აგვისტო

september

სექტემბერი

oktober

ოქტომბერი

november

ნოემბერი

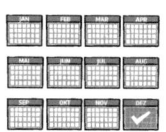

december

დეკემბერი

vormen

ფორმები

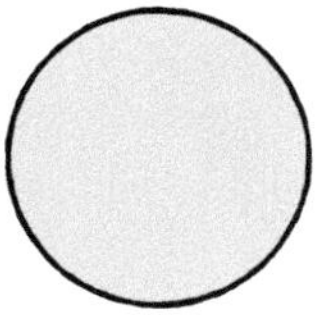

cirkel

წრე

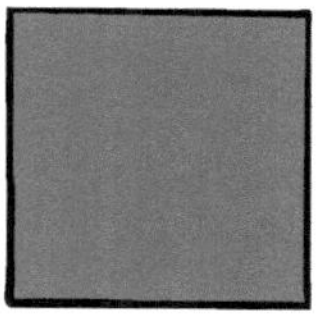

kwadraat

კვადრატი

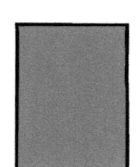

rechthoek

მართკუთხედი

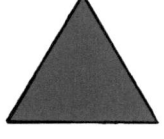

driehoek

სამკუთხედი

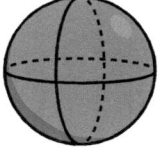

bol

სფერო

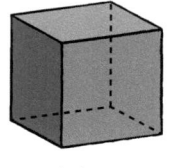

kubus

კუბი

kleuren
ფერები

wit

თეთრი

geel

ყვითელი

oranje

ნარინჯისფერი

roze

ვარდისფერი

rood

წითელი

paars

იისფერი

blauw

ცისფერი

groen

მწვანე

bruin

ყავისფერი

grijs

ნაცრისფერი

zwart

შავი

veel / weinig

ბევრი / ცოტა

boos / kalm

გაბრაზებული / მშვიდი

mooi / lelijk

ლამაზი / მახინჯი

begin / einde

დასაწყისი / დასასრული

groot / klein

დიდი / პატარა

licht / donker

ნათელი / მუქი

broer / zus

ძმა / და

proper / vuil

სუფთა / ჭუჭყიანი

volledig / onvolledig

სრული / არასრული

dag / nacht

დღე / ღამე

dood / levend

მკვდარი / ცოცხალი

breed / smal

განიერი / ვიწრო

eetbaar / oneetbaar

საჭმელად ვარგისი /
საჭმელად უვარგისი

kwaadaardig / vriendelijk

ბოროტი / კეთილი

opgewonden / verveeld

შთამბეჭდავი / მოსაწყენი

dik / dun

სქელი / თხელი

eerst / laatst

პირველი / ბოლო

vriend / vijand

მეგობარი / მტერი

vol / leeg

სრული / ცარიელი

hard / zacht

მყარი / რბილი

zwaar / licht

მძიმე / მსუბუქი

honger / dorst

მოშიებული / მწყურვალე

ziek / gezond

ავადმყოფი / ჯანმრთელი

illegaal / legaal

არალეგალური /
ლეგალური

intelligent / dom

ინტელექტუალი / სულელი

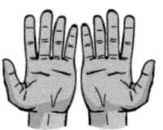

links / rechts

მარცხენა / მარჯვენა

dichtbij / veraf

ახლოს / შორს

nieuw / gebruikt

ხალი / გამოყენებული

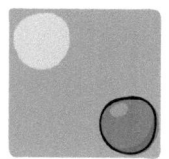

niets / iets

არაფერი / რაღაცა

oud / jong

მოხუცი / ახალგაზრდა

aan / uit

ჩართვა / გამორთვა

open / dicht

ღია / დახურული

stil / luid

ჩუმი / ხმამაღალი

rijk / arm

მდიდარი / ღარიბი

juist / fout

მართალი / მტყუანი

ruw / glad

უხეში / გლუვი

droevig / blij

სევდიანი / ბედნიერი

kort / lang

მოკლე / გრძელი

traag / snel

ნელი / სწრაფი

nat / droog

სველი / მშრალი

warm / koud

თბილი / გრილი

oorlog / vrede

ომი / მშვიდობა

cijfers
რიცხვები

0

nul

ნული

1

één

ერთი

2

twee

ორი

3

drie

სამი

4

vier

ოთხი

5

vijf

ხუთი

6

zes

ექვსი

7

zeven

შვიდი

8

acht

რვა

9

negen

ცხრა

10

tien

ათი

11

elf

თერთმეტი

12

twaalf

თორმეტი

13

dertien

ცამეტი

14

veertien

თოთხმეტი

15

vijftien

თხუთმეტი

16

zestien

თექვსმეტი

17

zeventien

ჩვიდმეტი

18

achtien

თვრამეტი

19

negentien

ცხრამეტი

20

twintig

ოცი

100

honderd

ასი

1.000

duizend

ათასი

1.000.000

miljoen

მილიონი

Talen
ენები

Engels

ინგლისური

Amerikaans Engels

ამერიკული ინგლისური

Chinees (Mandarijn)

ჩინური მანდარინი

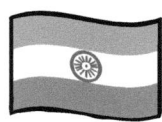

Hindi

ჰინდი

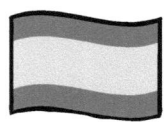

Spaans

ესპანური

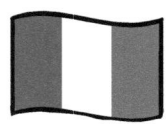

Frans

ფრანგული

Arabisch

არაბული

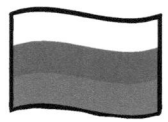

Russisch

რუსული

Portugees

პორტუგალიური

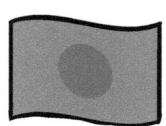

Bengali

ბენგალური

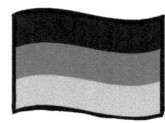

Duits

გერმანული

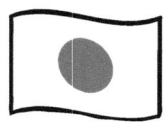

Japans

იაპონური

wie / wat / hoe
ვინ / რა / როგორ

ik

მე

u

შენ

hij / zij / het

ის / ის / იგი

wij

ჩვენ

u

თქვენ

ze

ისინი

wie?

ვინ?

wat?

რა?

hoe?

როგორ?

waar?

სად?

wanneer?

როდის?

naam

სახელი

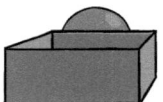

waar
სად

achter

უკან

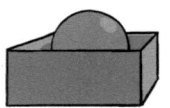

in

შიგნით

voor

წინ

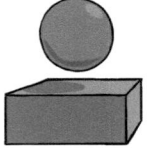

boven

ზედ

op

=-ზე

onder

ქვეშ

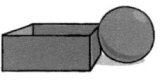

naast

გვერდით

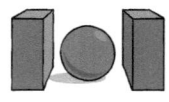

tussen

შორის

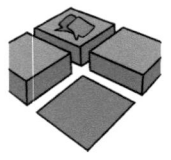

plaats

ადგილი